BEI GRIN MACHT SICH IHR WISSEN BEZAHLT

- Wir veröffentlichen Ihre Hausarbeit, Bachelor- und Masterarbeit

- Ihr eigenes eBook und Buch - weltweit in allen wichtigen Shops

- Verdienen Sie an jedem Verkauf

Jetzt bei www.GRIN.com hochladen und kostenlos publizieren

Bartosz Mazur

Das Human Resources-Cockpit und das Personal als Erfolgsfaktor für das Unternehmen

Visualisierungsinstrument beim Personalcontrolling

GRIN Verlag

Bibliografische Information der Deutschen Nationalbibliothek:

Die Deutsche Bibliothek verzeichnet diese Publikation in der Deutschen National-
bibliografie; detaillierte bibliografische Daten sind im Internet über http://dnb.d-
nb.de/ abrufbar.

Dieses Werk sowie alle darin enthaltenen einzelnen Beiträge und Abbildungen
sind urheberrechtlich geschützt. Jede Verwertung, die nicht ausdrücklich vom
Urheberrechtsschutz zugelassen ist, bedarf der vorherigen Zustimmung des Verla-
ges. Das gilt insbesondere für Vervielfältigungen, Bearbeitungen, Übersetzungen,
Mikroverfilmungen, Auswertungen durch Datenbanken und für die Einspeicherung
und Verarbeitung in elektronische Systeme. Alle Rechte, auch die des auszugsweisen
Nachdrucks, der fotomechanischen Wiedergabe (einschließlich Mikrokopie) sowie
der Auswertung durch Datenbanken oder ähnliche Einrichtungen, vorbehalten.

Impressum:

Copyright © 2012 GRIN Verlag GmbH
Druck und Bindung: Books on Demand GmbH, Norderstedt Germany
ISBN: 978-3-656-37770-2

Dieses Buch bei GRIN:

http://www.grin.com/de/e-book/210155/das-human-resources-cockpit-und-das-
personal-als-erfolgsfaktor-fuer-das

GRIN - Your knowledge has value

Der GRIN Verlag publiziert seit 1998 wissenschaftliche Arbeiten von Studenten, Hochschullehrern und anderen Akademikern als eBook und gedrucktes Buch. Die Verlagswebsite www.grin.com ist die ideale Plattform zur Veröffentlichung von Hausarbeiten, Abschlussarbeiten, wissenschaftlichen Aufsätzen, Dissertationen und Fachbüchern.

Besuchen Sie uns im Internet:

http://www.grin.com/

http://www.facebook.com/grincom

http://www.twitter.com/grin_com

Das Human Resources - Cockpit

"Visualisierungsinstrument beim Personalcontrolling"

Fachhochschule Koblenz

-

Standort Remagen
Fachbereich Betriebs- und Sozialwirtschaft

„Human Resource Management" SS 2012

von

Bartosz Mazur

I Inhaltsverzeichnis

I Inhaltsverzeichnis...I
II Abbildungsverzeichnis..II
III Abkürzungsverzeichnis...III

1 Einleitung..1
   1.1 Ausgangssituation..1
   1.2 Vorgehensweise..4

2 Grundlagen des HR-Cockpits...5
   2.1 Controlling..5
   2.2 Personalcontrolling...7

3 Das Human Resources-Cockpit..14
   3.1 Begriff und Zweck..14
   3.2 Visualisierungsmöglichkeiten...16

4 Ausgewählte Ansätze des Personalcontrollings...20
   4.1 Jahresabschlussorientieres Controllingsystem: Kennzahlensysteme........20
   4.2 Integrativer Ansatz: Balanced Scorecard..23

5 Fazit...30

IV Quellenverzeichnis..31

II Abbildungsverzeichnis

- Abb. 1: Vorgehensweise & Ablaufprozess..4

- Abb. 2: Instrumente des Personalcontrollings..13

- Abb. 3: DaimlerChrysler HR Cockpit - Human Capital Analysis............................15

- Abb. 4: Visualisierungsmöglichkeiten für ein Cockpit-System................................17

- Abb. 5: Symbole zur Textvisualisierung...17

- Abb. 6: Tabellarische Darstellung von HR-Kennzahlen..18

- Abb. 7: Tachometer-Darstellungsart aus der Softwareanwendung von Cubeware...............18

- Abb. 8: Die vier Perspektiven der Balanced Scorecard..24

- Abb. 9: Human Resources - Balanced Scorecard..28

III Abkürzungsverzeichnis

Abb.	Abbildung
BSC	Balanced Scorecard
Bsp.	beispielsweise
bzw.	beziehungsweise
ggf.	gegebenenfalls
HR	Human Resources
HRM	Human Resource Management
HR-BSC	Human Resources- Balanced Scorecard
Hrsg.	Herausgeber
i.S.v.	Im Sinne von
KMU	Kleine und mittlere Unternehmen
ROI	Return on Investment
S.	Seite
sog.	sogenannte
u.a.	unter anderem
usw.	und so weiter
Vgl.	Vergleich
z.B.	zum Beispiel

1 Einführung

1.1 Ausgangssituation

Unternehmen finden sich mehr und mehr in einer äußerst komplexen und dynamischen Umweltsituation wieder, welche kontinuierlich Einfluss auf den Unternehmenserfolg nimmt. Die Einflussfaktoren können dabei unter anderem ökonomischer, politischer, sozialer und technologischer Natur sein. Als Beispiel könnte man die Intensivierung des Wettbewerbs, die Verkürzung von Produktlebenszyklen oder natürlich die Konjunkturschwäche bzw. diverse andere volkswirtschaftliche Schwankungen benennen.[1] Doch auch unternehmensinterne Belastungen stellen die Unternehmen auf die Probe. So sind in diesem Zusammenhang die Kommunikations- und Koordinationsprobleme in Großunternehmen und die Flexibilitätseinschränkungen durch eine hohe Fixkostenbelastung zu erwähnen. Um sich in Zeiten der Diskontinuität und Globalisierung erfolgreich zu positionieren, benötigen Unternehmen eine informationsorientierte Steuerung, wobei vergangenheits- und zukunftsorientierte Perspektiven mit eingebracht werden müssen. Informationen sind damit zu einem entscheidenden Wettbewerbsfaktor geworden und bilden einen essentiellen Grund für die Etablierung des betrieblichen Controllings. In dieser Arbeit konzentriere ich mich auf das sog. Funktionsbereich-Controlling. Dabei kommt es zu einer Spezialisierung im Hinblick auf eine bestimmte betriebliche Funktion. In diesem Zusammenhang beschäftigen wir uns mit dem Funktionsbereich "Personalwesen".[2] Im Unternehmen sorgt das Personalwesen für die Erfüllung personalwirtschaftlicher Funktionen. Dafür besteht ein eigens für diese Funktion geschaffener Bereich, wobei es sich um die Personalabteilung handelt. Dabei ist Personalführung bzw. Personalmanagement als eine Beeinflussung des Mitarbeiterverhaltens durch eine Führungskraft zu verstehen.[3]

In dieser Ausarbeitung stelle ich das Personal als entscheidenden Erfolgsfaktor für das Unternehmen in das Zentrum. Personal ist als ein Aktivum zu betrachten, in welches investiert werden muss. Es ist nicht mehr allein als Kostenfaktor anzusehen. Der aktuelle Entwicklungsstand des Personalwesens betrachtet den Mitarbeiter als wertvollste und wichtigste Ressource in einem Unternehmen, wobei das Personalmanagement, diese als

---

[1] Vgl. Jung, Hans (Hrsg.) (2011, München): Personalwirtschaft S. 939
[2] Vgl. Jung, Hans (Hrsg.) (2007, München): Controlling S. 1 & S. 17
[3] Vgl. Jung, Hans (Hrsg.) (2011, München): Personalwirtschaft S. 5 - 8

Mitunternehmer gewinnen, entwickeln und erhalten soll. Das Personalmanagement wird als ein Wertschöpfungscenter angesehen. Dabei wird der Mitarbeiter in das Unternehmen integriert, wobei ein Mitwissen, Mithandeln und Mitverantworten auf allen unternehmerischen Ebenen vorliegt. Diese Sachverhalte werden evaluiert, wobei ökonomische und soziale Folgen von unternehmerischen Entscheidungen fokussiert werden. Diese Aufgabe lässt sich dem bereits angedeuteten Personalcontrollings zuzuordnen.[4]

Das Human Resource Management kann einem Wettbewerbsvorteil darstellen, wobei dieser durch die Resource "Mensch" hervorgerufen und gestaltet werden kann. Der Mitarbeiter wird nicht mehr nur als Mittel zum Zweck betrachtet, sondern zu einem strategischen Erfolgsfaktor, der den nachhaltigen Unternehmenserfolg sichern kann, "befördert". Human Resources sind also viel mehr als ein enormer Kostenfaktor, sie sind ein relativer Vorteil für eine Unternehmung. Dieser relative Vorteil wird erst zum Wettbewerbsvorteil, durch ein entsprechendes Personalmanagement (Human Resources Management). Doch das HRM kann einen Wettbewerbsvorteil erst dann generieren, wenn es die Fähigkeit besitzt, das Personal in geeigneter Weise auszuwählen, zu evaluieren, zu entwickeln und zu belohnen. Durch eine Optimierung dieser klassischen Aufgaben des Personalmanagements soll es zu einer Optimierung der Wertschöpfung kommen, wodurch man sich von der Konkurrenz abzuheben vermag. Hierdurch erfolgt idealerweise die Transformation der sog. "*competetive advantages*". Menschen oder aber die sog. Human Resources bilden also vermehrt signifikante Wettbewerbsvorteile für Unternehmen, wobei insbesondere das Management dieser Ressourcen ausschlaggebend für den Unternehmenserfolg ist. Nicht die isolierte Betrachtung der menschlichen Qualitäten ist erfolgsrelevant, sondern ihre Vernetzung. Diese Perspektive wurde bereits 1996 unter anderem von Schuler und Jackson wie folgt festgehalten: "*Key to the success of companies today and into the 21st century is the effective utilization of human resources.*" **(Zitat - Schuler/Jackson, 1996)**

Zentrale Elemente der Wettbewerbsfähigkeit sind Motivation, Kompetenz und Loyalität der Mitarbeiter. Diese Perspektiven sind mittlerweile in den Unternehmensphilosophien und Unternehmenskulturen fast jeder Unternehmung verankert. So wird in unzähligen Geschäftsberichten und Führungsgrundsätzen stets das Erfolgsrezept und Motto "People make the difference" propagiert.[5] Das Humankapital gilt dabei als zentrale ökonomische Größe in

---

[4] Vgl. Siegwart, Hans/ Dubs, Rolf / Mahari, Julian (Hrsg.) (1997, Stuttgart):
Human Resource Management S. 15 - 17 & S. 21 - 22

[5] Vgl. Siegwart, Hans/ Dubs, Rolf / Mahari, Julian (Hrsg.) (1997, Stuttgart):
Human Resource Management S. 132 - 134 & S. 171 & S. 183

Unternehmen, die den wirtschaftlichen Erfolg eines Unternehmens herbeiführen können.[6] Dies führt uns zu der Frage, wie man diese Größe messen, steuern, kontrollieren und optimieren kann. Dabei steht dem Personalmanagement das Personalcontrolling zur Seite. Der Terminus "Humankapital" begnügt sich nicht nur mit einer Bedeutung. Es wird zum Beispiel auf das Leistungspotenzial der Mitarbeiter verwiesen, das auf Erziehung und Ausbildung beruht. Dieses Potenzial der Arbeitskraft kann gezielt durch Einsatz von Lernen erzeugt werden.[7]

In einer Erklärung der *Europäischen Union* wird das Humankapital als Fähigkeiten, Fertigkeiten und Wissen von Personen, welche durch Ausbildung, Weiterbildung und Erfahrung erworben wird, betrachtet. Es kann also als Summe von natürlicher Begabung, Erziehung und beruflicher Ausbildung bzw. Erfahrung angesehen werden. Aus betriebswirtschaftlicher Sicht geht es hierbei um den optimalen Einsatz der Human Ressourcen bzw. des Personals im Hinblick auf unternehmerische Prozesse. Um diesem Sachverhalt gerecht zu werden, liegen diverse Methoden und Instrumente vor. An dieser Stelle verweise ich auf die Thematik der vorliegenden Arbeit (Personalcontrolling und HR-Cockpit), welches im nachfolgendem zum Gegenstand dieser Ausarbeitung gemacht wird. Es ist von Notwendigkeit, dass in Humankapital investiert wird, denn der ROI ist dabei als hoch anzusehen. Der Mensch als Erfolgsfaktor setzt eine Ökonomisierung des Humankapitals voraus. Das Humankapital darf aber nicht intuitiv gesteuert werden, sondern muss aus Sicht einer Ursache-Wirkungs-Analyse betrachtet werden. Es müssen klare Messkriterien vorliegen, um dieses wichtige "Kapital" auch sachgemäß abzubilden und zu bewerten. Ein Management des Humankapitals ist dabei nur möglich, wenn dieses auch gemessen wurde. Nur aufgrund von systematischen Bewertungsgrundlagen kann eine zuverlässige unternehmerische Entscheidungsgrundlage erzeugt werden.[8] Die Ergebnisse aus dem Personalcontrolling werden übersichtlich, verständlich und prägnant den Entscheidungsträgern präsentiert. Dieser Service wird durch den Einsatz des sog. HR-Cockpit bzw. des "Human Resources Cockpit" ermöglicht.

---

[6] Vgl. Dürndorfer, Martina/ Nink, Marco/ Wood, Gerald (Hrsg.) (2005, Hamburg): Human-Capital-Management in deutschen Unternehmen S. 14

[7] Vgl. Gabler Wirtschaftslexikon: Definition - Humankapital
URL: http://wirtschaftslexikon.gabler.de/Definition/humankapital.html Zugriff: 30.12.2011

[8] Vgl. Dürndorfer, Martina/ Nink, Marco/ Wood, Gerald (Hrsg.) (2005, Hamburg): Human-Capital-Management in deutschen Unternehmen S. 14 - 17 & S. 35 - 36

1.2 Vorgehensweise

Bevor wir jedoch auf das "Human Resources Cockpit" eingehen können, müssen wir auf die Grundlagen einer Cockpit-Darstellung eingehen. Dabei werden wir unter dem Punkt 2 "Grundlagen des HR-Cockpits" die Basics des Controllings bzw. des Personalcontrollings fokussieren. Das Personalcontrolling hilft uns zu verstehen, was im "Hintergrund" eines Cockpits abläuft. Dabei werden wir auf die Aufgaben, Funktionen, Anwendungsbereiche und Instrumente des Personalcontrollings eingehen und damit ein fundamentales Grundwissen im Hinblick auf die Messung personalwirtschaftlicher Effekte ermöglichen. Unter Punkt 3 " Das Human Resources-Cockpit " befassen wir uns mit dem HR-Cockpit, wobei insbesondere die Zweckmäßigkeit und die Visualisierungsarten in den Vordergrund rücken werden. Dies wird durch die beispielhafte Darstellung der Oberfläche von Softwareanwendungen ergänzt. Hier soll der Grundgedanke der Transparenz, Prägnanz und Übersichtlichkeit einer Cockpitdarstellung verinnerlicht werden. Weiterhin sollen Regeln und diverse Darstellungsmöglichkeiten als "Bausteine" für ein HR-Cockpit präsentiert werden. Schlussendlich werden zwei unterschiedliche Ansätze des Personalcontrollings vorgestellt, für die sich ein Unternehmen im Vorfeld entscheiden kann. Dabei handelt es sich um die traditionellen Kennzahlensysteme und den integrativen Ansatz der Balanced Scorecard. Dabei möchten wir zum Einen den Ansatz des jahresabschlussorientierten Personalcontrollings, welcher durch die klassischen Kennzahlensysteme und monetären Größen repräsentiert wird und zum Anderen den Balanced Scorecard-Ansatz, bei welchem qualitative und quantitative Größen gleichermaßen berücksichtigt werden, betrachten. Der Verlauf der Arbeit und damit auch gleichzeitig die Vorgehensweise lässt sich aus Abb. 1 erkennen.

[Abb. 1: Vorgehensweise & Ablaufprozess]

2 Grundlagen des HR-Cockpits

2.1 Controlling

Der Begriff "Controlling" stammt aus dem Englischem und leitet sich von der Verbform "*to controll*" ab. Es bedeutet so viel wie beherrschen, lenken und steuern.[9] Das Controlling wird im angloamerikanischen Sprachraum als eine zentrale Managementaufgabe wahrgenommen und als "*measurement of accomplishment of events against the standard of plans and the correction of deviations to assure attainment of objectives to plans*" verstanden.[10] In der Literatur findet sich keine einheitliche Definition im Hinblick auf das Controlling, wodurch verschiedene Auffassungen bezüglich Ziele und Aufgaben vorliegen. HORVÁTH bezeichnet das Controlling als ein Subsystem der Unternehmensführung. Dabei stehen Planung, Kontrolle und Informationsversorgung im Vordergrund. Das Controlling soll die Führung also unterstützen.[11] Hierbei stellt es entscheidungsrelevante Informationen zur Verfügung. Informationsgewinnung, -verarbeitung und -aufbereitung gehören zu den Aufgabenfeldern des Controllings, genauso wie die Planungs- und Kontrolltätigkeit zum Zwecke der Steuerung der Geschäfts- und Betriebsprozesse.[12] Das Controlling ist damit gleichzeitig Entscheidungsvorbereitung und Führungsunterstützung, wobei es als gesamtunternehmensbezogene Querschnittsfunktion anzusehen ist. Es ist jedoch von essentieller Wichtigkeit das Controlling vom Management abzugrenzen. Der Controller ist wie bereits erwähnt unterstützend und beratend tätig. Die Prozesse des Managements wie zum Beispiel die Zielfindung, Planung und Steuerung wird vom Controller moderiert und gestaltet, wodurch den Entscheidungsträgern eines Unternehmens zielorientiertes Handeln ermöglicht wird. Das zielorientierte Handeln wird durch eine stetige Plankontrolle (Soll-Ist-Analyse) ermöglicht. Das Controlling trägt also eine Mitverantwortung hinsichtlich der Zielerreichung im Unternehmen, wobei die entsprechenden Prozesse kontrolliert und bei eventuellen Abweichungen Korrekturmaßnahmen eingeleitet werden. Die Zusammenarbeit der Unternehmensführung und des Controllers kann mit Hilfe einer Analogie verdeutlicht werden. Dabei ist der Controller mit der Figur eines Lotsen und die Unternehmensführung mit der Figur eines Kapitäns zu vergleichen.[13] Das Controlling bietet demnach eine Servicefunktion, wobei er der Unternehmensführung bei diversen Prozessen der Planung, Kontrolle, Koordination, Ziel- und Strategiebildung unterstützend und beratend zur Seite steht.

---

[9] Vgl. Jung, Hans (Hrsg.) (2011, München): Personalwirtschaft S. 941
[10] Vgl. Wunderer, Rolf/ Jaritz, André (Hrsg.) (2007, Köln): Unternehmerisches Personalcontrolling S. 9
[11] Vgl. Jung, Hans (Hrsg.) (2007, München): Controlling S. 4 - 5
[12] Vgl. Littkemann, Jörn (Hrsg.) (2006, Herne/Berlin): Unternehmenscontrolling S. 9 - 10
[13] Vgl. Graumann, Mathias (Hrsg.) (2008, Düsseldorf): Controlling S. 5 & S. 12 - 13

Die Planung und Steuerung der unternehmerischen Tätigkeiten wird durch betriebswirtschaftliche Informationen und Analysen zielorientiert durchgeführt, wodurch das Unternehmen hinsichtlich seiner wirtschaftlichen Zielsetzung optimal geführt werden soll. Die Hauptaufgabe des Controllings liegt in der Sicherstellung der Zielerreichung im Unternehmen. Dabei werden Plangrößen festgelegt, die kontinuierlich auf eine Erreichung bzw. Abweichung kontrolliert werden. Beim Letzteren werden Korrekturmaßnahmen eingeleitet, um das vorgegebene Ziel einer Planung doch noch zu erreichen.[14] Durch die Kontrolle diverser Prozesse und auf Grundlage von Vergleichen (Soll-Ist-Vergleiche) und Analysen, können ggf. neue Entscheidungsprozesse erfolgen. Der Zweck dieser Kontrolltätigkeiten ist die Sicherung der Planerfüllung bzw. der Zielerreichung.[15] Das Fundament für die Entscheidungen hinsichtlich der Einleitung von Korrekturmaßnahmen wird durch die Kontrolle von Planabweichungen legitimiert, wodurch also eine zielorientierte Steuerung ermöglicht wird. Das Controlling soll dafür Sorge tragen, dass eine Verbesserung der Gesamtzielerreichung (Bsp: Gewinn-, Umsatz-, Produktivitäts-, Rentabilitätssteigerung) und eine permanente Existenzsicherung des Unternehmens.[16] Dabei soll zum Einen die Gültigkeit des entsprechenden Betriebszieles festgestellt werden und zum Anderen der Erfolg der angewendeten Maßnahmen und Verfahren zur Erreichung des vorgegebenen Zieles gemessen werden. Die entsprechenden Informationen sollen permanent den entsprechenden Entscheidungsinstanzen zur Verfügung gestellt werden. Die Unterstützung seitens des Controllings bezieht sich sowohl auf die strategische als auch operative Unternehmensführung.[17] Die zentralen Controllingfunktionen im Rahmen der Führungsunterstützung sind die:

- Ermittlungs-, Dokumentationsfunktion
- Planungs-, Prognose- & Beratungsfunktion
- Vorgabe- & Steuerungsfunktion
- Kontrollfunktion

Dabei muss das Controlling als ein Aufgabenfeld angesehen und wahrgenommen werden und nicht lediglich als ein Stelle oder Person.[18]

---

[14] Vgl. Jung, Hans (Hrsg.) (2007, München): Controlling S. 5 - 6 & S. 13
[15] Vgl. Littkemann, Jörn (Hrsg.) (2006, Herne/Berlin): Unternehmenscontrolling S. 14
[16] Vgl. Jung, Hans (Hrsg.) (2011, München): Personalwirtschaft S. 941 - 942
[17] Vgl. Littkemann, Jörn (Hrsg.) (2006, Herne/Berlin): Unternehmenscontrolling S. 6 & S. 71
[18] Vgl. Jung, Hans (Hrsg.) (2007, München): Controlling S. 6 - 7

2.2 Personalcontrolling

Das Personalwesen wird immer stärker aus der Wirtschaftlichkeitsperspektive betrachtet, was unter anderem an der stetig steigenden Kapitalbindung und den wachsenden Personalkosten im Hinblick auf dieses "weiche" Unternehmensressort zurückzuführen ist. Weiterhin werden das Personal sowie die Führung des Personals als grundlegende strategische Erfolgsfaktoren angesehen, welche einen signifikanten Beitrag zum Unternehmenserfolg leisten. Die Wertschöpfung des Personalmanagements rückt dabei in den Vordergrund.[19] Hierbei nehmen die Humanresourcen eine entscheidende Rolle als Erfolgspotenzial ein. Das Personalmanagement ist dabei als Teil der Wertschöpfungskette eines Unternehmens zu verstehen. Die Philosophie des Personalcontrollings stellt die menschliche Arbeit als Erfolgsfaktor und Quelle der Wertschöpfung der unternehmerischen Leistungserstellung in den Fokus, wobei das Humanpotential, das Leistungsverhalten und die Leistungsergebnisse im Mittelpunkt der Betrachtung stehen.[20] Das Personalcontrolling soll dabei die Wertschöpfung des Personals effektiver gestalten und somit die strategischen Wettbewerbsvorteile realisieren.[21] In diesem Zusammenhang kann die Wertschöpfung aus verschiedenen Perspektiven betrachtet werden. Dabei stellt die betriebswirtschaftliche Wertschöpfung die Differenz zwischen Output und Input den Leistungsmaßstab für die Stakeholder des Unternehmens dar. Die prozessbezogene Wertschöpfung ist als Wertbeitrag der entsprechenden Aktivitäten bezüglich des Betriebsergebnisses zu verstehen. Schließlich bezeichnet die strategiebezogene Wertschöpfung die Steigerung des Wertes für die Investoren aufgrund der Wahl einer geeigneten Strategie. In diesem Zusammenhang spiegelt der Wert die Messgröße der Zielerreichung durch eine Maßnahme wieder.[22] Das Personalcontrolling umfasst die Planung, Steuerung und Kontrolle personalwirtschaftlicher Prozesse im Hinblick auf den ökonomischen Erfolg des Unternehmens, wobei insbesondere das optimale Verhältnis vom Personalaufwand zur Personalleistung fokussiert wird.[23] Als Steuerungsinstrument, hat das Personalcontrolling das Ziel, die Wertschöpfung der Humanresourcen im Unternehmen zu optimieren. Es handelt sich dabei um das "Controlling der Personalarbeit". Hierbei spielt die Evaluation der Wertschöpfung mit Bezug auf das Personalressort eine grundlegende Rolle. In diesem Kontext werden sowohl qualitative als auch quantitative Perspektiven eingenommen. Die Messung und Evaluierung der Wertschöpfung im Personalmanagement ist unter die

---

[19] Vgl. Littkemann, Jörn (Hrsg.) (2006, Herne/Berlin): Unternehmenscontrolling S. 521
[20] Vgl. Wunderer, Rolf/ Jaritz, André (Hrsg.) (2007, Köln): Unternehmerisches Personalcontrolling S. 3 & S. 12
[21] Vgl. Jung, Hans (Hrsg.) (2011, München): Personalwirtschaft S. 945
[22] Vgl. Wunderer, Rolf/ Jaritz, André (Hrsg.) (2007, Köln): Unternehmerisches Personalcontrolling S. 30, S.61 - 62
[23] Vgl. Littkemann, Jörn (Hrsg.) (2006, Herne/Berlin): Unternehmenscontrolling S. 522

Funktionen des Personalcontrollings zu subsumieren. Dabei ist die Vergangenheits- und Zukunftsorientierung hervorzuheben, was seine Ergänzung durch qualitatives und quantitatives Controlling findet. Zwischen diesen Betrachtungsweisen personalwirtschaftlicher Prozesse sollte jedoch ein Gleichgewicht gefunden werden.[24] Das Personalressort gilt als Unternehmensbereich mit größtenteils qualitativen Erfolgsmaßstäben. Dementsprechend findet innerhalb der Aktivitäten des Personalcontrollings eine Differenzierung zwischen quantitativen (z.b. Personalkosten und Leistungsgrößen) und qualitativen (z.b. Motivation, Führungsstil, Personalimage, Betriebsklima und Mitarbeiterzufriedenheit) Aspekten statt.[25] Durch Kosten- und Wirkungsanalysen, Kennzahlen und Indikatoren, kann die Wertschöpfung im Personalmanagement in quantitativer Hinsicht gemessen werden, wobei personalbezogene Maßnahmen im Zentrum der Betrachtung liegen. Die qualitative Messung der Wertschöpfung unterliegt einer starken subjektiven Interpretierbarkeit, was zu einer Erschwerung der Quantifizierbarkeit führt. Diese bildet die Voraussetzung für die Maßnahmen der Steuerung und Kontrolle des Personalcontrollings ab. Das Personalcontrolling greift im Hinblick auf die Messung der Wertschöpfung häufig auf Kennzahlen zurück, welche als Indikatoren verwendet werden. Diese lassen sich nach Personalfunktionen wie z.B. Personalbeschaffung, Personalentwicklung und Personalfreisetzung gliedern.[26] **Kennzahlen** sind Informationsinstrumente, die im Controlling von fundamentaler Bedeutung sind. Sie helfen uns unsere Fehler zu erkennen und zu korrigieren. Sie zeigen uns, ob wir erfolgreichen waren. Sie spiegeln die Entwicklung und Dynamik des Unternehmens wieder. Sie bilden die Grundlage für Entscheidungen, denn was wir messen können wir auch managen![27] Für diese Arbeit sind personalwirtschaftliche Kennzahlen von Bedeutung. Sie lassen sich in das Informationssystem des Personalmanagements eingliedern, welches für die Steuerung und die Kontrolle des gesamten Personalwesens einer Unternehmung verantwortlich ist.[28] Kennzahlen sind also ein Instrument, bei dem im Rahmen des Personalcontrollings die Wertschöpfung gemessen werden kann. Dabei fokussieren die Kennzahlensysteme einzelne Personalfunktionen. Diese lassen sich unter anderem in Personalbedarf, Personalbeschaffung, Personaleinsatz, Personalerhaltung und Leistungsstimulation, Personalentwicklung und Personalfreisetzung gliedern. Für diese Arbeit sind besonders die Kennzahlen von Bedeutung,

---

[24] Vgl. Wunderer, Rolf/ Jaritz, André (Hrsg.) (2007, Köln): Unternehmerisches Personalcontrolling S. 14 - 17
[25] Vgl. Jung, Hans (Hrsg.) (2011, München): Personalwirtschaft S. 944 - 947
[26] Vgl. Wunderer, Rolf/ Jaritz, André (Hrsg.) (2007, Köln): Unternehmerisches Personalcontrolling S. 108 - 109
[27] Vgl. Ossola-Haring, Claudia (Hrsg.) (2006, Landsberg am Lech):
Handbuch - Kennzahlen zur Unternehmensführung S. 7 - 8
[28] Vgl. Siegwart, Hans (Hrsg.) (2002, Bern): Kennzahlen für die Unternehmensführung S. 5, S. 16 - 17 & S. 102

welche eine Kohärenz mit der Leistungsfähigkeit der Humanresourcen aufweisen. Dabei ist auf Übersichtlichkeit und Prägnanz zu achten. Die Kennzahlen sollen hierbei zur Ermittlung des wertschöpfenden Beitrags durch das Personalmanagement dienen. Sie dienen als Grundlage für die Planung und Entscheidungsfindung im Hinblick auf das Controlling der Wertschöpfung des Personalwesens. Anwendung finden Kennzahlen bei dem Kosten-, dem Effizienz- und dem Effektivitätscontrolling. Traditionell sind Kennzahlensysteme bilanzorientiert, wodurch überwiegend finanzwirtschaftliche Daten vorliegen.[29] Aus den Messungen im Personalwesen erhalten wir die notwendigen Informationen, um die Personalziele zu verfolgen und ggf. bei Abweichungen anzupassen bzw. zu korrigieren.[30] Durch die Verwendung diverser Kennzahlen und Kennzahlensysteme, misst das Personalcontrolling den Erreichungsgrad der Ziele des Personalmanagements und informiert die Entscheidungsträger über die Ergebnisse, wodurch Handlungsalternativen und Korrekturmaßnahmen ermöglicht werden.[31] Durch eine laufende und systematische Beobachtung kann die Flexibilität des Personalmanagements erhöht und somit die Reaktions- sowie Anpassungsfähigkeit bezüglich von Chancen und Risiken optimiert werden.[32]

Als Fundament für die **Entwicklung eines Zielsystems** des Personalcontrollings lassen sich das personalwirtschaftliche Zielsystem und das gesamtunternehmensbezogene Zielsystem identifizieren. Wichtig hierbei ist, dass sich die Personalcontrollingziele mit den übergeordneten Unternehmenszielen in Übereinstimmung befinden.[33]

Das **Aufgabenspektrum** des Personalcontrollings umfasst:

- Informationsaufgabe
- Dienstleistungs- und Serviceaufgabe
- Personalwirtschaftliche Kontrollaufgaben
- Strategische und operative Personalaufgaben

Die Aufgaben des Personalcontrollings lassen sich von den Personalcontrolling-Zielen ableiten. Dabei lässt sich die **(1) Informationsaufgabe** in vier Dimensionen gliedern, wobei

---

[29] Vgl. Wunderer, Rolf/ Jaritz, André (Hrsg.) (2007, Köln): Unternehmerisches Personalcontrolling S. 108 - 113
[30] Vgl. Weber, Manfred (Hrsg.) (2002, Planegg): Kennzahlen - Unternehmen mit Erfolg führen S. 122 - 124
[31] Vgl. Holtbrügge, Dirk (Hrsg.) (2005, Heidelberg): Personalmanagement S. 217
[32] Vgl. Jung, Hans (Hrsg.) (2007, München): Controlling S. 533
[33] Vgl. Littkemann, Jörn (Hrsg.) (2006, Herne/Berlin): Unternehmenscontrolling S. 522 - 523

es sich um das Informationspotenzial (Gesamtheit aller Informationen), die Informationsfähigkeit (Sicherung und Optimierung der Informationsversorgung), die Informationsbereitschaft (Fähigkeit und Motivation zur Informationsaufnahme) und die Wirtschaftlichkeit des Informationsversorgungssystems handelt. Die **(2) Dienstleistungs- und Serviceaufgabe** beeinflusst die Personalplanung sowie die personalwirtschaftliche Kontrolle. Zudem wird die Koordination innerhalb des Personalmanagements und mit den anderen Funktionsbereichen des Unternehmens ermöglicht. In diesem Zusammenhang lässt sich eine Ausrichtung auf das Planungs- und Kontrollsystem erkennen, wobei insbesondere der Aufbau, die Implementierung, die Anpassung und die kritische Hinterfragung dieser Systeme im Zentrum steht. Die **(3) personalwirtschaftliche Kontrollaufgabe** umfasst die Durchführung eines Vergleichs von Planungsgrößen und den damit zu vergleichenden realisierten Größen. Hierzu gehört auch die Analyse von Ursachen bezüglich von Abweichungen. In diesem Fall werden diverse Vergleichsformen angewandt wie z.B. der sog. Soll-Ist-Vergleich. Bei der Identifizierung von Mängeln und Abweichungen werden Korrekturmaßnahmen eingeleitet. Die **(4) strategischen und operativen Personalaufgaben** befassen sich mit der strategischen und operativen Personalarbeit. Im ersten Fall sollen die unternehmensstrategischen Überlegungen unterstützt werden, wobei das Personalcontrolling die Identifikation und Bewertung der jeweiligen Personalstrategie ermöglicht. Im zweiten Fall werden entsprechende personalwirtschaftliche Funktionen wie die Personalplanung,- entwicklung, -marketing, -führung, -verwaltung usw. aus einer Controlling-Perspektive betrachtet und analysiert. Im Falle der operativen Personalarbeit kommt es zu einer quantitativen sowie qualitativen Evaluierung.[34] Die **Hauptaufgaben** können vom Zielsystem des Personalcontrollings abgeleitet werden.[35] Dabei lassen sich drei Komponenten feststellen, welche das Personalcontrolling in das **Kosten-Controlling**, das **Effizienz-Controlling** und das **Effektivitäts-Controlling** aufgliedern.[36] Um die Personalarbeit in ökonomische Größen zu umschreiben und gleichzeitig zu analysieren, werden also die drei Ebenen "Kosten", "Effizienz" und "Effektivität" fokussiert.[37] Mit dem Kosten-Controlling werden die Entwicklung und die Konstitution der Personalkosten ermittelt. Dieser Sachverhalt bezieht sich gleichzeitig auch auf die Kosten der Personalabteilung. Beim Effizienz-Controlling kommt es zu einer Überwachung, Analyse und Verbesserung der personalwirtschaftlichen

---

[34] Vgl. Jung, Hans (Hrsg.) (2011, München): Personalwirtschaft S. 950 - 953
[35] Vgl. Littkemann, Jörn (Hrsg.) (2006, Herne/Berlin): Unternehmenscontrolling S. 523
[36] Vgl. Wunderer, Rolf/ Jaritz, André (Hrsg.) (2007, Köln): Unternehmerisches Personalcontrolling S. 16 - 17
[37] Vgl. Jung, Hans (Hrsg.) (2011, München): Personalwirtschaft S. 953 - 954

Aktivitäten und Prozesse. Dabei soll es zu einer Reduzierung der Verschwendung von Ressourcen innerhalb des Personalressorts kommen. Beim Effektivitäts-Controlling rücken qualitative Aspekte des Personalcontrollings in den Vordergrund. Die Basis hierzu, findet sich in der ökonomischen Legitimierung der Personalarbeit durch die Ermittlung des Anteils im Hinblick auf den Gesamterfolgs einer Unternehmung.[38] Dem Personalcontrolling lassen sich diverse spezifische Funktionen zurechnen. Dabei handelt es sich um die Integrations- und Schnittstellenfunktion, die Transparenz- und Frühwarnfunktion, Strategiefunktion sowie die Beratungs- und Lotsenfunktion. Bei der **Integrations- und Schnittstellenfunktion** kommt es zu einer Integration verschiedener Ebenen der betrieblichen Personalarbeit oder unterschiedlicher betrieblicher Funktions- und Servicebereiche i.S.v. Schnittstellen. Bei der sog. **Transparenz- und Frühwarnfunktion**, wird die Argumentationsfähigkeit von Personalverantwortlichen verbessert. Es kommt dabei zu einer Bereitstellung eines Kontroll-, Analyse- und Steuerungsinstruments im Hinblick auf personalbezogene Entscheidungen, wodurch gleichzeitig eine verbesserte Übersichtlichkeit entsteht. Auch lässt sich hieraus eine schnellere Reaktionsfähigkeit und Entscheidungsfähigkeit ableiten. Durch die **Strategiefunktion** erhalten Unternehmen einen Analyserahmen für normative und strategische Entscheidungen im Personalressort. Die **Beratungs- und Lotsenfunktion** umfasst die Bereitstellung der beschafften, aufbereiteten und analysierten Informationen an die Personalverantwortlichen.[39]

Letztere Funktion geht mit der **Informationsfunktion** einher, welche die systematische und nutzergerechte Information aller Verantwortlichen im Personalbereich sowie der betroffenen Stakeholder umfasst. Die relevanten Daten können in einer übersichtlichen Form mit Hilfe von Softwareanwendungen zur Verfügung gestellt werden.[40] Weiterhin lassen sich noch die Planungsfunktion, Kontrollfunktion und die Analysefunktion feststellen. Die **Planungsfunktion** bezieht sich auf die Ziel-, Maßnahmen- und Ressourcenplanung. Dabei wird die **Steuerungsfunktion** als Unterfunktion der Planungsfunktion angesehen, wobei es sich um die Umsetzung der Planung handelt. Die Kontrollfunktion umfasst diverse Kontrollarten und die Analysefunktion soll Differenzen zwischen Plan- und Kontrollgrößen erklären, wodurch im Endeffekt Abweichungen und Mängel beseitigt werden können.[41]

---

[38] Vgl. Jung, Hans (Hrsg.) (2011, München): Personalwirtschaft S. 954
[39] Vgl. Wunderer, Rolf/ Jaritz, André (Hrsg.) (2007, Köln): Unternehmerisches Personalcontrolling S. 20 - 21
[40] Vgl. Holtbrügge, Dirk (Hrsg.) (2005, Heidelberg): Personalmanagement S. 199 - 200
[41] Vgl. Wunderer, Rolf/ Jaritz, André (Hrsg.) (2007, Köln): Unternehmerisches Personalcontrolling S. 14

Die **Anwendungsfelder** des Personalcontrollings umfassen die Personalplanung, die Personalrekrutierung, der Personaleinsatz, die Personalentwicklung, die Personalbetreuung, die Personalfreisetzung sowie spezifische Sonderbereiche. Die **Personalplanung** trägt Sorge für die mengen-, zeit- und qualitätsgerechte Sicherstellung des aktuellen und künftigen Personals. Hierbei lassen sich die Komponenten der Personalbedarfsplanung und Personalstrukturplanung unterscheiden. Die **Personalrekrutierung** beschäftigt sich mit der Suche nach dem geeigneten Personal und der darauf folgenden Selektion von Bewerbern, wobei die personelle Unterdeckung beseitigt werden soll. Beim **Personaleinsatz** handelt es sich um die anforderungsgerechte und eignungsgerechte Zuweisung der Mitarbeiter zu einer entsprechenden Arbeitsstelle. Die **Personalentwicklung** zentriert die Identifizierung und Förderung von Fähigkeiten und Potenzialen der Mitarbeiter. Die **Personalbetreuung** ist eine zentrale Funktion des Personalmanagements, wobei es sich um die Betreuung aller Mitarbeiter von der Einstellung bis zur Beendigung des Arbeitsverhältnisses handelt. Hierbei besteht eine Service- und Beratungsfunktion sowie eine Entgelt- und Zeitabrechnungsfunktion. Weiterhin gibt es noch die **Personalfreisetzung**, welche die Trennung von Mitarbeitern vom Unternehmen als Gegenstand hat und durch welche die Personalüberdeckung verringert wird. Abschließend kann man die **Sonderbereiche** des Personalcontrollings erwähnen, wobei es sich um diverse Bereiche wie z.B. die Arbeitssicherheit und den Gesundheitsschutz handelt.[42]

Wir können das Personalcontrolling hinsichtlich der **Controlling-Objekte** in ein instrumentales, ein institutionelles und ein funktionales Personalcontrolling unterteilen. Das instrumentale Personalcontrolling befasst sich mit der Messung der Effizienz der Instrumente des Personalmanagements bzw. der zuvor erwähnten Anwendungsbereiche des Personalcontrollings. Hierbei kann es sich also z.B. um das Controlling hinsichtlich der Personalbeschaffung, der Personalentwicklung, des Personaleinsatzes usw. handeln. Beim institutionellem Personalcontrolling liegt der Fokus auf der Personalabteilung. Das funktionale Personalcontrolling beschäftigt sich mit dem Personalmanagement als Gesamtheit. Hier wird insbesondere der Beitrag des Personalmanagements zum Unternehmenserfolg gemessen und analysiert.[43]

Abschließend möchte ich einen kurzen Überblick über die Instrumente des Personalcontrollings bieten, wobei ich eine qualitative und quantitative Differenzierung des

---

[42] Vgl. Littkemann, Jörn (Hrsg.) (2006, Herne/Berlin): Unternehmenscontrolling S. 528 - 533
[43] Vgl. Holtbrügge, Dirk (Hrsg.) (2005, Heidelberg): Personalmanagement S. 200 - 201

uns zur Verfügung stehenden Instrumentariums vornehmen werde. In Abb. 2 können wir die unterschiedlichen Instrumente erkennen, welche die verschiedenen Anwendungsfelder des Personalcontrollings abdecken. Die Kreuz-Markierungen weisen zum Einen auf die Anwendbarkeit im Hinblick auf die Aufgabenfelder hin und zum Anderen verweisen sie auf die monetäre (quantitative) sowie nicht monetäre (qualitative) Ausprägung eines Instruments.[44]

	nicht monetär	monetär	Personalplanung	Personalrekrutierung	Personaleinsatz	Personalentwicklung	Personalbetreuung	Personalfreistezung
Tests	x			x				
Assesment Center	x			x		x		
Mitarbeiterbefragung	x					x	x	
Leistungsbeurteilung	x				x	x	x	x
Potentialbeurteilung	x			x	x	x	x		x
Budgetierung		x	x	x		x		
Prozesskostenrechnung		x		x		x	x	
Humanvermögensrechnung		x	x	x		x		x
Abweichungsanalyse		x	x	x	x	x	x	x
Kennzahlen(systeme)		x	x	x	x	x	x	x
Personalkostenrechnung		x	x	x	x	x	x	x
Benchmarking	x	x			x		x	x
Balanced Scorecard	x	x	x	x			x	x
Plan/Ist-Vergleich	x	x	x	x	x	x	x	x
Portfolio-Technik	x	x	x	x	x	x	x	x
Haupteinsatzfelder =		x						

[Abb. 2: Instrumente des Personalcontrollings][45]

In dieser Arbeit werden wir uns auf zwei Instrumente konzentrieren. Dabei handelt es sich um die Kennzahlen (Kennzahlensysteme) und um die Balanced Scorecard. Beim Ersteren handelt es sich um ein Instrument, welches für alle Aufgabenfelder des Personalcontrollings geeignet ist und zudem monetärer Natur ist. Die Balanced Scorecard hingegen umfasst sowohl monetäre als auch nicht monetäre Perspektiven.

---

[44] Vgl. Littkemann, Jörn (Hrsg.) (2006, Herne/Berlin): Unternehmenscontrolling S. 534 - 535
[45] Abbildung 1: Littkemann, Jörn (Hrsg.) (2006, Herne/Berlin): Unternehmenscontrolling S. 535

3 Das Human Resources-Cockpit

3.1 Begriff und Zweck

Der Begriff HR-Cockpit setzt sich aus den Begriffen "Human Resources" und "Cockpit". Daraus lässt sich das Anwendungsgebiet des "Cockpits" feststellen, welches im Personalressort angesiedelt ist. Das Cockpit impliziert eine grafische Aufbereitung und die damit zusammenhängende Überwachung von signifikanten Daten aus der sog. "Helikopter-Perspektive". Dabei ist zu beachten, dass das HR-Cockpit als Kommunikationsmittel anzusehen ist, wobei eine reduzierte Datenmenge eine Voraussetzung ist.[46] Dies entspricht der Informations- und Transparenzfunktion des Personalcontrollings. Weiterhin ist die Analogie zu einem Cockpit eines Helikopters oder eines Flugzeugs in diesem Kontext äußert dienlich. In einem Flugzeug bilden die Cockpit-Instrumente verschiedene Informationen ab, an denen sich der Pilot bei Bedarf orientieren kann. Bezogen auf die Arbeit eines Controllers kann die entsprechende Abbildung von personalwirtschaftlichen Informationen anhand eines HR-Cockpits erfolgen. Dabei werden verschiedene Informationen in einem Cockpit-System umgesetzt und unterschiedliche Kombinationen von Kennzahlen in einer Übersicht abgebildet, wodurch eine schnellere und effizientere Auswertung der Daten möglich gemacht wird. Die aus dem Personalcontrolling gewonnenen, aufbereiteten und analysierten Daten werden den entsprechenden Entscheidungsträgern zur Verfügung gestellt. Da es sich zumeist um einen immensen und komplexen Datensatz handelt, schmälert diese Tatsache die Transparenz. Zu diesem Zweck wurde die Idee eines HR-Cockpits entwickelt. Hier sollen die relevanten Informationen prägnant, übersichtlich und vereinfacht dargestellt werden. Übersichtlichkeit und Transparenz im Hinblick auf die Informationen sind demnach Ziele des HR-Cockpits.[47] Dieser Sachverhalt geht mit der Informationsfunktion und Servicefunktion einher, wobei das Controlling im Bereich des Personalmanagements eine Reduzierung der Datenfülle erlangen soll und somit unterstützend agiert. Es handelt sich dabei um die sog. empfängerorientierten Aktivitäten des Personalcontrollings und wird unter die Präsentations- und Visualisierungstechniken des Controllings subsumiert. Eine leicht verständliche Sprache dient hier dem Erfolg. Zudem sollen angeforderte Berichte durch eine Vorschau und Zusammenfassungen ergänzt werden, was der Übersichtlichkeit dienlich ist. Es sollten Zusatzinformationen bezüglich der gemessenen Größen angegeben werden um die Verständlichkeit zu erleichtern sowie Kausalitäten aufzuzeigen. Doch allein bei der

---

[46] Vgl. Hostettler, Stephan/ Stern, Hermann J. (Hrsg.) (2007, Weinheim): Das Value Cockpit S. 276
[47] Vgl. Jung, Hans (Hrsg.) (2007, München): Controlling S. 189

Einreichungen von Informationen soll es nicht bleiben. Es gehören auch Maßnahmen und Handlungsempfehlungen in die entsprechenden Berichte des HR-Cockpits.[48]

Dieser Sachverhalt kann anhand von einem Beispiel aus dem HR-Cockpit von DaimlerChrysler verdeutlicht werden. Hierzu möchte ich folgendes Beispiele aufzeigen. Hier ist der Gegenstand der Anteil der im ersten Jahr beendeten unbefristeten Beschäftigungsverhältnisse, wobei ein Vergleich zu der Anzahl aller im vorliegendem Jahr eingestellten Mitarbeiter gezogen wird. Die Sollgröße beträgt hierbei 0 %. Es wurde festgelegt, dass nur wenige Ausnahmefälle akzeptabel sind. Der Ist-Wert der beendeten unbefristeten Beschäftigungsverhältnisse liegt bei 31 %. Dies ist ein inakzeptabler Wert, welcher zu einer Korrekturmaßnahme führen muss. Die Bewertung der Situation wird durch eine Begründung ergänzt. Hier wird auf mögliche fehlerhafte Ursachen hingedeutet. Bei diesen handelt es sich um Fehler im Auswahlprozess bzw. innerhalb der Auswahlkriterien. Zudem können die im Einstellungsprozess geweckten Erwartungen unerfüllt geblieben sein, so dass sich die eingestellten Mitarbeiter freiwillig vom Unternehmen getrennt haben. Abschließend kommt es noch zu einer Handlungsempfehlung, welche auf die Ermittlung der genauer Ursache abzielt, um die Kosten zu senken und gleichzeitig das Image des Unternehmens zu wahren.[49]

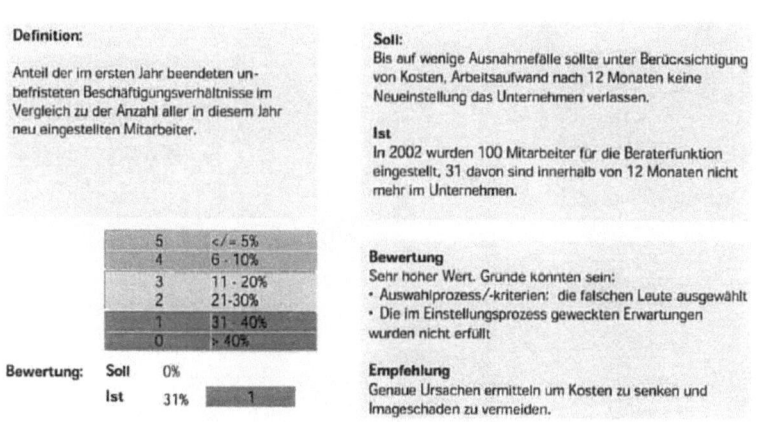

[Abb. 3: DaimlerChrysler HR Cockpit - Human Capital Analysis; Sep 2004]

---

[48] Vgl. Jung, Hans (Hrsg.) (2007, München): Controlling S. 11 & S. 206 & S. 943
[49] Vgl. DaimlerChrysler - HR Cockpit - Human Capital Analysis (HCA) - September 2004

Als Diagnoseinstrument des Personalcontrollings, wird das personalwirtschaftlich orientierte Cockpit individuell an das Unternehmen angepasst und mit diversen Kennzahlen als Navigationsinstrumente ausgestattet. Die Anzahl der Kennzahlen richtet sich dabei nach der Größe der Unternehmen. In den KMU bestehen zumeist rund 10 - 15 verschiedene Kennzahlen. Bei den Großunternehmen kann es sich um 30 - 50 Kennzahlen im HR-Cockpit handeln. Unabhängig von der Unternehmensgröße, muss bei den Kennzahlen eine über die Jahre hinweg kontinuierliche Messbarkeit, Vergleichbarkeit und Stabilität vorliegen. So können mögliche Trends frühzeitig erkannt und Mängel durch das Einleiten von Korrekturmaßnahmen behoben werden. Dies führt gleichzeitig zu Kosteneinsparrungen. Durch eine systematische Messung, Analyse und Kommunikation der Wertschöpfung des Humankapitals und der entsprechenden HR-Kennzahlen kann ein Beitrag zur Einschätzung von Risiken eines Unternehmens geleistet werden.[50]

3.2 Visualisierungsmöglichkeiten

Wie schon zuvor erwähnt befinden wir uns bei der Thematik des HR-Cockpit im Bereich der Präsentations- und Visualisierungstechniken des Personalcontrollings. Bei einer Präsentation handelt es sich um die Darstellung von bestimmten Inhalten, wobei eine Person/Personengruppe diese einer bestimmten Zielgruppe zur Verfügung stellt. In diesem Fall handelt es sich um die Präsentation von personalwirtschaftlichen Daten durch das Personalcontrolling, wobei die Entscheidungsträger im Personalmanagement als Zielgruppe anzusehen sind. Die Visualisierung der Inhalte in einer Präsentation tragen dazu bei, dass Sachverhalte und Kausalitäten verständlicher gemacht werden. Dabei kommt es zu einer Fokussierung der relevanten Informationen. Hieraus ergibt sich der Vorteil, dass Inhalte besser verstanden und behalten werden. Die Aufmerksamkeit und das Interesse der Zielgruppe wird mit diversen Visualisierungstechniken verstärkt, wodurch ein besseres Verständnis und die Aufnahme der Informationen erleichtert wird.[51] An dieser Stelle möchte ich die verschiedenen Darstellungsarten bzw. Visualisierungsmöglichkeiten kurz vorstellen.

---

[50] Vgl. Thom, Norbert/ Zaugg, Robert J. (Hrsg.) (2008, Wiesbaden): Moderne Personalentwicklung S. 119 - 120
[51] Vgl. Jung, Hans (Hrsg.) (2007, München): Controlling S. 178 - 180

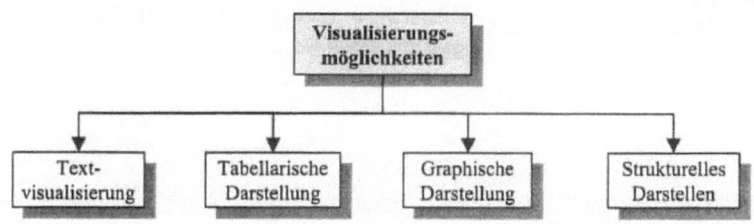

[Abb. 4: Visualisierungsmöglichkeiten für ein Cockpit-System][52]

Aus Abb. 4 lassen sich die verschiedenen Visualisierungsmöglichkeiten erkennen. Es handelt sich dabei um die Textvisualisierung und die tabellarische-, graphische- sowie strukturelle Darstellungsarten.

Mit Hilfe der **Textvisualisierung** können entsprechende Sachverhalte und Zusammenhänge prägnanter erläutert werden. Damit ist die Erläuterung von Kennzahlen und diversen personalbezogenen Analysen sowie Maßnahmen zu verstehen. Dabei ist zu beachten, dass eine ausreichend große und lesbare Schrift verwendet wird. Inhaltlich sollte eine verständliche und einfache Formulierung vorliegen, damit die Adressaten eines Cockpits schnell einen Überblick erhalten können. Dies wird durch die Formulierung der wichtigsten Aussagen in Stichpunkten verstärkt. Weiterhin kann der Textteil durch die Verwendung von Symbolen ergänzt und besser verständlich gemacht werden. Hier ist die Verwendung von Pfeilen (Entwicklung), Blitzsymbolen (Warnung), Ampeln (Wertung) & Smileys (Wertung) denkbar.

[Abb. 5: Symbole zur Textvisualisierung - Eigene Darstellung]

Die **tabellarische Darstellungsart** hilft uns die entsprechenden Informationen in einer übersichtlichen Form darzustellen. Insbesondere ist hier die Einfachheit der Darstellung hinsichtlich von Zahlen zu unterstreichen. Tabellen beinhalten einen Text- und einen Zahlenteil und sind eine fundamentale Grundlage zur Erstellung von Diagrammen.[53] In der nachfolgenden Tabelle erkennen wir zudem die Verwendung von Symbolen, um die Sachverhalte vereinfachter darzustellen.

---

[52] Abbildung 3: Jung, Hans (Hrsg.) (2007, München): Controlling S. 181
[53] Vgl. Jung, Hans (Hrsg.) (2007, München): Controlling S. 181 - 182

Kennzahlen	Ist	Soll	Differenz %	Trend	Benchmark %	Status
Commitment der Belegschaft	60	80	-20	◆	70 – 80	●
Nachfolgeplanungsquote	75	80	-5	▲	75	○
Lohnsummenentwicklung	1.2	1.1	-0.1	▲	1.05	●

[Abb. 6: Tabellarische Darstellung von HR-Kennzahlen][54]

Bevor wir auf die graphischen Darstellungsarten näher eingehen werden, befassen wir uns kurz mit den **strukturellen Darstellungsmöglichkeiten**. Dabei handelt es sich um die Anwendung von Ablaufdiagrammen und Organigrammen, welche dazu verwendet werden können, um komplizierte Sachverhalte im Personalmanagement übersichtlicher und schneller erfassbar zu machen. Die graphische Darstellungsart ist bei dem HR-Cockpit ein Hauptbestandteil, welcher die Transparenz, Übersichtlichkeit und Einfachheit einer Cockpitdarstellung hervorheben soll. Durch eine **graphische Darstellung** werden Größen und Mengenverhältnisse sowie Zusammenhänge zwischen Größen leicht verständlich und übersichtlich dargestellt. Hierbei greift man auf diverse Diagrammtypen zurück, welche die optische Aufbereitung von Zahlen begünstigen. Dabei handelt es sich um das Säulen-, Balken-, Punkt-, Linien-, Ring-, Flächen-, Netz- und das Kreisdiagramm.[55] Weiterhin können für das HR-Cockpit sog. Tachometer verwendet werden, welche beispielsweise den Entwicklungsstand eines Sachverhaltes wiedergeben. Dabei ist auf die Verwendung von Farben zu achten. Grün kann dabei als positiv und Rot als negativ verwendet werden. Weiterhin kann die Farbe "Gelb" als Pufferzone und Warnhinweis dienen. Diese Visualisierungsart findet sich häufig in Softwareanwendungen wie z.B. von "Cubeserv", "Cubeware", "Rexx Controlling" oder "Persis".

[Abb. 7: Tachometer-Darstellungsart aus der Softwareanwendung von "Cubeware"][56]

---

[54] Abbildung 5: Thom, Norbert/Zaugg, Robert J. (Hrsg.)(2008,Wiesbaden): Moderne Personalentwicklung S. 119
[55] Vgl. Jung, Hans (Hrsg.) (2007, München): Controlling S. 183 - 188
[56] Abbildung 6: Cubeware - www.cubeware.de

Um die Ergebnisse des Personalcontrollings übersichtlich, verständlich und vereinfacht darzustellen, bieten sich diverse Softwareanwendungen an, welche die personalwirtschaftlichen Daten in einem HR-Cockpit sammeln, verarbeiten, bündeln und präsentieren. Diesen Punkt abschließend, möchten wir einige Software-Anwendungen, die diesen Service bieten, vorstellen. Dabei handelt es sich insbesondere um die Programme "Cubeserv", "Persis" und das "SAS-HR-Cockpit", das aus einer Zusammenarbeit zwischen SAS & KPMG Consulting entstanden ist.

Dabei ist insbesondere das HR-Cockpit von SAS und KPMG Consulting zu erwähnen, da hierbei ein Fokus auf die quantitativen und zugleich die qualitativen HR-Kennzahlen gelegt wird. Beide Institutionen haben eine Software-Lösung für eine strategische Entscheidungsunterstützung entwickelt, welche ihre Konstitution in einer HR-Balanced Scorecard findet. Durch die von der SAS bereitgestellten Business Inteligence-Software lassen sich die personalrelevanten Informationen abbilden und der "*Added Value*" der Human Ressourcen im Hinblick auf den Unternehmenserfolg kommunizieren. Die Problematik der traditionellen Messgrößen wird durch diese Softwareanwendung behoben, so dass der Wertbeitrag eines Mitarbeiters sachgemäß abgebildet werden kann. Die Datenvisualisierung steht dabei im Fokus, um den Prinzipien der Transparenz, Einfachheit und Verständlichkeit gerecht zu werden.[57]

Auch "Cubeserv" und "Persis" bieten mit ihren Anwendungen eine automatisierte Aufbereitung und übersichtliche Präsentation der Ergebnisse aus dem Personalcontrolling an. Die Anwenderoberfläche besteht aus diversen graphischen Darstellungen von HR-Kennzahlen, wodurch ein besseres Verständnis und eine schnellere Verarbeitung hinsichtlich der Informationen ermöglicht wird.[58]

---

[57] Vgl. SAS: Die Human Resources Balanced Scorecard von KPMG Consulting und SAS, Zugriff: 20.01.2012
URL: http://www.sas.com/offices/europe/switzerland/pdf/solutions/SAS_HR_BSC_Broschuere.pdf
[58] Vgl. Cubeserv / Persis: Internetpräsenzen der beiden Softwareanbieter, Zugriff: 20.01.2012
URL: http://www.persis.de/
URL: http://www.cubeserv.com/cubeserv-business-content-hr.html

4 Ausgewählte Ansätze des Personalcontrollings

Bevor die personalwirtschaftlichen Informationen in einem HR-Cockpit zur Verfügung gestellt werden können, muss ein konkretes Controlling-System konzipiert und in das Gefüge des Unternehmens bzw. in einen unternehmerischen Funktionsbereich implementiert werden. Dabei stehen dem Unternehmen verschiedene Konzepte zur Verfügung. Diese können sich an drei Ebenen des Rechnungswesen orientieren: jahresabschlussorientiertes, Kosten- & Leistungs-orientiertes sowie zahlungsstromorientiertes Controlling. Um die isolierende quantitative Sichtweise dieser Konzepte zu durchbrechen, werden zudem integrierte Ansätze verwendet, wozu die sog. Balanced Scorecard gezählt wird. Hier werden die quantitativen Ziel- und Maßgrößen durch die Betrachtung und Einbeziehung qualitativer Größen ergänzt. Dabei werden Themen wie Innovation, Kunden- und Mitarbeiterzufriedenheit sowie Humankapital in den Vordergrund gestellt. Für diese Arbeit lässt sich der Fokus auf den Aspekt des Humankapitals, der einen maßgebenden Beitrag zum Unternehmenserfolg abbildet, setzen.[59] In den nachfolgenden zwei Unterpunkten werden wir uns auf zwei Konzepte des Personalcontrollings beziehen, welche als Grundlage und Ausgangspunkt für die Abbildung von personalwirtschaftlichen Informationen im Cockpit dienen. Dabei handelt es sich zum Einen um die jahresabschlussorientierten Kennzahlensysteme (Punkt 4.1), welche sich an den Kennzahlen des Rechnungswesen orientieren und zum Anderen um den integrativen Ansatz der Balanced Scorecard, bei dem auch qualitative Perspektiven Beachtung finden (Punkt 4.2).

4.1 Jahresabschlussorientiertes Controllingsystem: Kennzahlensysteme

Um die richtigen Planungs-, Entscheidungs- und Kontrollaufgaben im Human Ressource Bereich ausführen zu können, wird die dauerhafte Bereitstellung von relevanten Informationen aus dem gesamten Personalbereich benötigt. Gerade bei einer ansteigenden Zahl von verschiedenen Parametern können die daraus folgenden Handlungsergebnisse schwer berechenbar gemacht werden. Somit braucht das Personalwesen ein Instrumentarium, welches Informationen optimal darstellt und ihre Zusammenhänge deutlich machen kann.[60] Als ein solches Instrumentarium bieten sich Kennzahlen an, welche die wesentlichen Informationen darstellen und somit eine hochwertige Datenselektion mit sich bringen. Im Bezug auf das HR-Cockpit gibt es qualitative Anforderungen an die Kennzahlen. Die hier

---
[59] Vgl. Graumann, Mathias (Hrsg.) (2008, Düsseldorf): Controlling S. 630 - 631
[60] Vgl. Schulte, Christof (Hrsg.) (2002, München): Personal-Controlling mit Kennzahlen S. 1

dargestellten Kennzahlen müssen für den Adressaten transparent sein und die Informationen präzise, geordnet und banalisiert dargestellt werden. Folglich sollten Kennzahlen nicht alleinstehend betrachtet werden, sondern die Betrachtung sollte in ganzen Kennzahlensystemen erfolgen. In der betrieblichen Praxis finden Kennzahlen bzw. ganze Kennzahlensysteme häufig die Verwendung. Aufgrund der Fülle an relevanten und systematisierten Informationen bieten sie eine herausragende Möglichkeit Handlungsalternativen für das Management aufzuzeigen.[61] Bei den sogenannten Kennzahlensystemen handelt es sich im Allgemeinen um altbewährte Instrumente des Controllings, welche somit auch ihre Anwendung im Personalcontrolling finden. Durch die in den Kennzahlensystemen verdichtet dargestellten Informationen, werden komplizierte Unternehmensvorgänge verständlich und transparent aufgezeigt. Somit ist die Hauptaufgabe von Kennzahlensystemen die Abbildung des Ist-Zustandes eines Unternehmens. Durch eine nachfolgende Gegenüberstellung des Soll- und Ist- Zustandes lässt sich der eigentlich Zielerreichungsgrad deutlich machen.[62]

Bei der Entwicklung von Kennzahlensystemen sollen zu Beginn Überlegungen über den konkreten Aufbau und den tatsächlichen Informationsbedarf getätigt werden, hierbei müssen personalwirtschaftliche Ziele klar definiert sein. Anhand dieser Ziele können nun entsprechende Kennzahlen zum Personal-Controlling festgelegt werden. Hierbei spielt auch die genaue Auswahl der Kennzahlen-Adressaten eine wichtige Überlegung, da jede relevante Zielgruppe die Kennzahlen unterschiedlich nach ihrer Relevanz gewichten wird. Als nächstes folgen die konkrete Festlegung der Datenerhebungszeitpunkte und die Auswahl der Mitarbeiter für die Erstellung der Kennzahlen. Die letzte Handlung bei der Entwicklung von Kennzahlensystemen ist die Festlegung der genauen Darstellung der Kennzahlenergebnisse.[63] Dieser Entwicklungsschritt hat besonders für das HR-Cockpit eine hohe Relevanz und muss präzise ausgeführt werden, damit die hier aufgestellten Informationen eine einträgliche Handlungs- und Entscheidungsgrundlage darstellen. Der konkrete Aufbau von Kennzahlensystemen ist für das Personalcontrolling und das HR-Cockpit von primärer Bedeutung. Der wesentliche Faktor bei der Aufstellung von Kennzahlen ist der Aussagewert und die dadurch entstehende Relevanz. Deshalb sollte man sich beim Aufbau eines Kennzahlensystems mehreren Sachverhalten kritisch gegenüberstellen. Bei diesen Sachverhalten handelt es sich um: Die Notwendigkeit der ermittelten Kennzahlen, die

---

[61] Vgl. Wollenberger, Klaus (Hrsg.) (2004, München): Taschenbuch der Betriebswirtschaft S. 264
[62] Vgl. Wiesner, Alexander (Hrsg.) (2007, Saarbrücken): Kennzahlen im Personalcontrolling S.12
[63] Vgl. Wollenberger, Klaus (Hrsg.) (2004, München): Taschenbuch der Betriebswirtschaft S. 264

Vollständigkeit der ermittelten Kennzahlen, die Datenvollständigkeit der ermittelten Kennzahlen, den Aktualisierungsstand der ermittelten Kennzahlen, den konkreten Nutzen der ermittelten Kennzahlen.[64] Um die Vollständigkeit und die Funktionalität der Kennzahlensysteme gewehrleisten zu können gibt es auch einige Gestaltungsregeln für den Aufbau dieser Systeme. Hierbei müssen die Kennzahlensysteme Informationen enthalten, die Systematisch zueinander sind, sich auf die relevanten Inhalte beschränken, auf Kennzahlen aufgebaut sein, welche eindeutig operationalisiert und standardisiert sind, eine gewisse Aussagekraft haben, die ökonomisch erfasst werden können, die aktuell sind sowie in sich stimmig und konsistent.[65]

Kennzahlensysteme finden ihre Verwendung als Managementinstrumente. Sie sollen helfen Probleme zu identifizieren und eine Zielorientierung zu geben. Im Bezug auf das HR-Cockpit bieten Kennzahlensysteme die Möglichkeit der Daten- und Informationsüberwachung für das Management und zeigen Handlungsalternativen auf. Zusammenfassend lässt sich feststellen, dass Kennzahlensysteme eine hohe Transparenz für die Entscheidungsträger bieten und es somit zu einer Effektivitäts- und Effizienzsteigerung für das Management kommt. Kennzahlensysteme müssen Unternehmensabhängig geschaffen werden und sich den spezifischen Gegebenheiten eines jeden einzelnen Unternehmens anpassen. Die beschriebenen Entwicklungsphasen für Kennzahlensysteme müssen kritisch begutachtet werden und es darf nicht der Blick für die wesentlichen und wichtigen Informationen verloren werden. Die Zielorientierung des Kennzahlensystems muss oberste Priorität haben und gewährleistet sein. Unwichtige Kennzahlen, welche eine Überladung der Kennzahlensysteme zur Folge hätten, müssen identifiziert werden und dürfen nicht in die Kennzahlensysteme integriert werden. Durch die Anwendung von solchen Kennzahlensystemen kommt es zu einer Impulsgebung für mögliche Entscheidungen des Managements und somit kann festgestellt werden, dass der Einsatz von Kennzahlensystemen im Personalcontrolling zu empfehlen ist und vorteilhaft für ein Unternehmen sein kann.[66]

---

[64] Vgl. Krüger, Günther (Hrsg.) (1997, Frechen): Interne Prüfungen im Personalwesen S. 112-113
[65] Vgl. Wiesner, Alexander (Hrsg.) 2007, Saarbrücken): Kennzahlen im Personalcontrolling S.13
[66] Vgl. Wiesner, Alexander (Hrsg.) (2007, Saarbrücken): Kennzahlen im Personalcontrolling S.26

4.2 Integrativer Ansatz: Balanced Scorecard

Die zuvor erwähnten Kennzahlensysteme des Controllings beinhalten einen essentiellen Nachteil, welcher sich im Fokus auf den zumeist durch das Rechnungswesen quantifizierbaren wiederfinden lässt. Hierdurch ist eine ganzheitliche Betrachtung in den seltensten Fällen möglich. Dieses Defizit soll durch die Balanced Scorecard behoben werden.[67] Durch die Zunahme der Komplexität und der Dynamik des Wettbewerbs, folgt die Notwendigkeit der erfolgreichen Umsetzung von geplanten Strategien und damit auch der konsequenten Beobachtung und möglichst frühzeitigen Korrektur von Zielabweichungen im Hinblick auf diese Strategien.[68] Die Balanced Scorecard (BSC) ist ein Instrument des Managements, welche es dazu befähigt, das Unternehmen aus einer strategischen Sichtweise mit Hilfe eines Kennzahlensystems zu führen.[69] Gleichzeitig ist die BSC aber auch als Instrument des Controllings zu verstehen. Es gehört zu den bekanntesten Konzepten der sog. *Performance Measurement*, wobei im Gegensatz zu den diversen "alten" Kennzahlensystemen wie z.B. ROI und ZVEI, kein alleiniger Fokus auf den finanziellen Kennzahlen liegt.[70] Gemäß der Philosophie der BSC, reicht die Betrachtung von finanziellen bzw. quantitativen Kennzahlen für die Bestimmung des Wertes eines Unternehmens nicht aus. Daher stellt das Konzept der Balanced Scorecard auch nicht-monetäre Kennzahlen zur Verfügung, welche strategisch orientiert vorliegen sowie strategische Ziele eines Unternehmens in operative Größen umsetzen sollen. Die Ergänzung der finanziellen Kennzahlen durch die strategisch orientierten, nicht-finanziellen Kennzahlen erlauben es, die Interesse der Shareholder zu verfolgen und gleichzeitig eine konsequente Strategieumsetzung zu gewährleisten.[71] Die Balanced (*ausgewogen*) Scorecard (*Punktetafel/Punktekarte*) verbindet also vergangenheitsbezogene finanzielle Kennzahlen mit zukunftsbezogenen Perspektiven, welche für den Unternehmenserfolg relevant sind.[72] Es beinhaltet die Strategie des Unternehmens und die zur Realisierung dieser Strategie benötigten "Hebel", welche sich in den Dimensionen "Finanzen", "Kunden", "interne Prozesse" und "Lernen/ Entwicklung" wiederfinden. Die "Balance" dieses Führungskonzeptes lässt sich aus der Tatsache schlussfolgern, dass nun nicht mehr eine Perspektive (Finanzperspektive) im Mittelpunkt der

---

[67] Vgl. Graumann, Mathias (Hrsg.) (2008, Düsseldorf): Controlling S. 661
[68] Vgl. Schneider, Dietram/ Pflaumer, Peter (Hrsg.) (2001, Wiesbaden): Power Tools S. 91
[69] Vgl. Gehringer, Joachim/ Michel, Walter J. (Hrsg.) (2000, Düsseldorf/Berlin): Frühwarnsystem Balanced Scorecard S. 14
[70] Vgl. Jung, Hans (Hrsg.) (2007, München): Controlling S. 174
[71] Vgl. Holtbrügge, Dirk (Hrsg.) (2005, Heidelberg): Personalmanagement S. 212
[72] Vgl. Grötzinger, Martin/ Uepping, Heinz (Hrsg.) (2001, Neuwied/Kriftel): Balanced Scorecard im Human Resources Management S. 44

Betrachtung steht, sondern diese von drei weiteren Perspektiven ergänzt und gezielt zur Umsetzung der Strategie verwendet wird.[73] Es besteht also ein Gleichgewicht zwischen harten und weichen Kennzahlen sowie zukunftsorientierten Spätindikatoren und vergangenheitsorientierten Frühindikatoren.[74] Die Kernidee besteht darin, dass verschiedenen Perspektiven bei der Beurteilung der Leistung eines Geschäftsbereichs oder des gesamten Unternehmens berücksichtigt werden. Dabei dient sie als Grundlage für die Planung und Steuerung.[75] In unserem Fall ist die Leistungsmessung im Personalbereich vom Interesse. Die Balanced Scorecard umfasst vier Perspektiven (siehe Abb. 8), welche sich auf die Unternehmensstrategie beziehen lassen. Dabei handelt es sich wie schon erwähnt um die Finanzperspektive, die Kundenperspektive, die interne Prozessperspektive und um die Lern- und Wachstumsperspektive.[76]

[Abb. 8: Die vier Perspektiven der Balanced Scorecard][77]

Die **Finanzperspektive** gibt uns Auskunft über die Ergebnisverbesserung durch die Anwendung einer Strategie. Dabei werden hauptsächlich drei strategische Themenfelder abgedeckt: Ertragswachstum, Kostensenkung und Nutzung von Vermögenswerten. Hieraus leiten sich auch die finanziellen Kernkennzahlen ab.[78] Traditionell werden hier vergangenheitsbezogene Kennzahlen (z.B. der ROI) angewendet, wodurch nur die finanzielle Leistung der Vergangenheit und der aktuelle Stand des Unternehmens angezeigt wird, nicht

---

[73] Vgl. Schneider, Dietram/ Pflaumer, Peter (Hrsg.) (2001, Wiesbaden): Power Tools S. 92
[74] Vgl. Graumann, Mathias (Hrsg.) (2008, Düsseldorf): Controlling S. 662
[75] Vgl. Jung, Hans (Hrsg.) (2007, München): Controlling S. 174
[76] Vgl. Graumann, Mathias (Hrsg.) (2008, Düsseldorf): Controlling S. 663
[77] Abbildung 10: Grötzinger, Martin/ Uepping, Heinz (Hrsg.) (2001, Neuwied/Kriftel): Balanced Scorecard im Human Resources Management S. 45
[78] Vgl. Moser, Jean-Philippe (Hrsg.) (2001, Bern): Balanced Scorecard als Instrument eines integrierten Wertmanagements, S. 33

aber die künftige finanzielle Potenzial des Unternehmens. Dies soll durch die BSC behoben werden, indem auch zukunftsbezogene Indikatoren mit einbezogen werden. Finanzwirtschaftliche Ziele dienen zudem als Endziele für Zielsetzungen und Kennzahlen der anderen drei Perspektiven.[79] Es werden also die Resultate der Aktivitäten aller Perspektiven gemessen und abgebildet. Die Ziele und Aktivitäten der anderen Perspektiven sind dabei so zu wählen, dass der Erreichungsgrad der Ziele der Finanzperspektive verstärkt wird.[80]

Die **Kundenperspektive** befasst sich mit den strategischen Zielen eines Unternehmens im Hinblick auf die Kunden- und Marksegmente. In diesem Kontext sind u.a. folgende branchenübergreifende Kernkennzahlen zu erwähnen: Kundenzufriedenheit, -rentabilität und die -akquisition. Innerhalb der **internen Prozessperspektive** werden zunächst die Geschäftsprozesse identifiziert, die für die Erfüllung der Kunden- sowie Shareholderziele signifikant sind.[81] Die drei Hauptgeschäftsprozesse, welche bei dieser Perspektive näher beleuchtet werden, sind der Innovations-, der Betriebs- und der Kundendienstprozess. Die **Lern- und Entwicklungsperspektive** ist eine sehr zukunftsorientierte Perspektive. Hier wird die Entwicklung von Zielen und Kennzahlen, welche für eine lernende Organisation maßgebend sind, fokussiert. Die Ziele dieser Perspektive sind die treibenden Faktoren für die Zielerreichung der anderen Perspektiven.[82] Im Grunde genommen wird innerhalb dieser Perspektive die Infrastruktur identifiziert, welche von Notwendigkeit ist, um die wertsteigernden Ziele des Unternehmens zu erreichen.[83]

Für jede der vier Perspektiven werden die Ziele aus der **Vision und Strategie** eines Unternehmens abgeleitet. Diese Ziele werden anschließend mit finanziellen und nichtfinanziellen Kennzahlen unterlegt. Da mehrere Perspektiven verwendet werden, können Interdependenzen zwischen den Zielen der Perspektiven sichtbar gemacht werden, woraus eine ganzheitliche Sichtweise und ein mehrdimensionaler Handlungsspielraum ermöglicht werden.[84] Im Zentrum der vier Perspektiven befindet sich also die Unternehmensstrategie. So

---

[79] Vgl. Georg, Stefan (Hrsg.) (1999, Aachen):
Die Balanced Scorecard als Controlling- bzw. Managementinstrument S. 54 - 57
[80] Vgl. Schneider, Dietram/ Pflaumer, Peter (Hrsg.) (2001, Wiesbaden): Power Tools S. 93 - 94
[81] Vgl. Moser, Jean-Philippe (Hrsg.) (2001, Bern):
Balanced Scorecard als Instrument eines integrierten Wertmanagements, S. 34 - 37
[82] Vgl. Georg, Stefan (Hrsg.) (1999, Aachen):
Die Balanced Scorecard als Controlling- bzw. Managementinstrument S. 88 - 91 & S. 103
[83] Vgl. Moser, Jean-Philippe (Hrsg.) (2001, Bern):
Balanced Scorecard als Instrument eines integrierten Wertmanagements, S. 37
[84] Vgl. Schneider, Dietram/ Pflaumer, Peter (Hrsg.) (2001, Wiesbaden): Power Tools S. 93

bildet sich der Ausgangsunkt für die Implementierung einer Balanced Scorecard auch durch die Entwicklung einer umfassenden und schlüssigen Strategie heraus. Die Erfolgsaussichten dieser Strategie werden durch die Operationalisierung von Werttreibern und die Umsetzung der entsprechenden Maßnahmen beeinflusst. Die Treiber müssen jedoch zunächst einmal identifiziert werden. In diesem Zusammenhang werden oftmals sog. Treiberbäume verwendet, durch welche eine Ursache-Wirkungs-Beziehung zur Zielerreichung sichtbar gemacht wird. Bei den Werttreibern handelt es sich um Faktoren, welche implizit für die Erlangung von Wettbewerbsvorteilen eines Unternehmens verantwortlich sind. Darunter lassen sich unter anderem die Mitarbeiter subsumieren. Wettbewerbsvorteile führen wiederrum zu einer verbesserten finanziellen Performance und im Endeffekt zu einer Wertschaffung.[85]

Ein wichtiger Vorteil der BSC ist Integration der vier Perspektiven in eine Gesamtperspektive, wodurch die Isolation der einzelnen Betrachtungsweisen durchbrochen wird.[86] Es besteht eine Interdependenz zwischen den einzelnen Perspektiven, was zu einer Verknüpfung zwischen den strategischen Zielen, Kennzahlen und Maßnahmen führt.[87] Es besteht demnach eine Ursache-Wirkungs-Beziehung zwischen den einzelnen Faktoren. Zudem werden die Perspektiven so miteinander verbunden, dass eine finanzwirtschaftliche Zielsetzung nicht außer Acht gelassen wird.[88] Nur wenn die einzelnen Ziele und Kennzahlen der vier Perspektiven miteinander verknüpft vorliegen, besteht auch eine Möglichkeit der sachgemäßen Steuerung und Überprüfung. Die einzelnen Faktoren müssen ein Element der Ketten von Ursache-Wirkungs-Beziehungen sein. Idealerweise sollen sie sich wechselseitig verstärken.[89] Die isolierte Betrachtung einzelner Kennzahlen induziert einen beschränkten Aussagewert. Aus diesem Grund werden Kennzahlensysteme entwickelt und implementiert, um gerade den zuvor erwähnten defizitären Aussagewert zu vermeiden. Die zuvor erwähnten Interdependenzen führen zu einem Netz aus Ursache-Wirkungs-Beziehungen, wodurch entsprechende Sachverhalte aus mehreren Blickwinkeln betrachtet werden können und zusammenhänge Informationen zur Verbesserung der Entscheidungsfindung und Strategiebildung führen.[90] Die Kennzahlen müssen mit der Vision, Strategie und den

---

[85] Vgl. Schneider, Dietram/ Pflaumer, Peter (Hrsg.) (2001, Wiesbaden): Power Tools S. 96 - 98
[86] Vgl. Holtbrügge, Dirk (Hrsg.) (2005, Heidelberg): Personalmanagement S. 214
[87] Vgl. Graumann, Mathias (Hrsg.) (2008, Düsseldorf): Controlling S. 664
[88] Vgl. Moser, Jean-Philippe (Hrsg.) (2001, Bern):
Balanced Scorecard als Instrument eines integrierten Wertmanagements, S. 37
[89] Vgl. Georg, Stefan (Hrsg.) (1999, Aachen):
Die Balanced Scorecard als Controlling- bzw. Managementinstrument S. 22 & S. 118 - 119
[90] Vgl. Moser, Jean-Philippe (Hrsg.) (2001, Bern):
Balanced Scorecard als Instrument eines integrierten Wertmanagements, S. 16

Werttreibern verknüpft werden sowie die Vergangenheit, Gegenwart und Zukunft mit einbeziehen.[91] Um die Flut der Informationen zu begrenzen und somit die Transparenz und Steuerungsfunktion des Personalcontrollings zu wahren, sollten im Schnitt 20 - 25 Kennzahlen (vier bis sieben pro Perspektive) vorliegen.[92] Personalbezogene Kennzahlen sind grundsätzlich quantitativer und qualitativer Natur. Zu den qualitativen Messungen durch weiche Kennzahlen können beispielsweise die Mitarbeiterzufriedenheit, das Arbeitsklima, die Motivation und die Loyalität gezählt werden.[93]

Die Balanced Scorecard ist kein Standardformular. Es sollte an jedes Unternehmen individuell angepasst werden.[94] Es kann aber auch an einzelne Funktionsbereiche angepasst werden. In unserem Fall handelt es sich dabei um den Personalbereich, wobei wir den Fokus auf die Wertschöpfungsbeitrag-Messung legen.[95] Hier kommt die Leistungsmessungs-Funktion des Personalcontrollings zum Einsatz, wobei diese nicht nur auf das Gesamtunternehmen vollzogen werden muss. Das Leistungsniveau soll durch operative Einheiten (Personalmanagement) im Sinne einer Selbststeuerung, eine dezentrale Messung der Wertschöpfung durchführen.[96] Ziel ist es den Wertschöpfungsbeitrag des Personalmanagements zum Unternehmenserfolg zu messen. Dabei werden Personalkennzahlen mit der Unternehmensstrategie verknüpft. Ein weiteres Ziel ist es, die Kausalitäten zwischen den personalwirtschaftlichen Entscheidungen und den diversen anderen Funktionsbereichen eines Unternehmens aufzuzeigen.[97]

Durch eine HR-BSC kann der Personalbereich transparenter gemacht werden, da insbesondere Strukturen, Prozesse und Kosten sichtbar gemacht werden. Diese Transparenz führt unweigerlich zu einer Erhöhung der Effizienz im Personalbereich. Die HR-BSC zentriert die Personalstrategie als obersten Maßstab und umfasst genau wie die gesamtunternehmensbezogene BSC die vier Perspektiven "Finanzen", "interne Prozesse", "Kunden" und Mitarbeiter (Lern- und Entwicklungsperspektive). Dieser Sachverhalt lässt sich aus Abb. 9 entnehmen. Die Finanzperspektive befasst sich mit den Kosten für den Personalbereich oder des Personals selbst. Die Kundenperspektive bezieht sich auf die

---

[91] Vgl. Georg, Stefan (Hrsg.) (1999, Aachen):
Die Balanced Scorecard als Controlling- bzw. Managementinstrument S. 15
[92] Vgl. Holtbrügge, Dirk (Hrsg.) (2005, Heidelberg): Personalmanagement S. 214
[93] Vgl. Weber, Manfred (Hrsg.) (2002, Planegg): Kennzahlen - Unternehmen mit Erfolg führen S. 126 - 127
[94] Vgl. Jung, Hans (Hrsg.) (2007, München): Controlling S. 174
[95] Vgl. Grötzinger, Martin/ Uepping, Heinz (Hrsg.) (2001, Neuwied/Kriftel):
Balanced Scorecard im Human Resources Management S. 37 - 38
[96] Vgl. Wunderer, Rolf/ Jaritz, André (Hrsg.) (2007, Köln): Unternehmerisches Personalcontrolling S. 355
[97] Vgl. Falk, Rüdiger/ Sell, Stefan (Hrsg.) (2007, Remagen): Human Resource Management S. 154

Nachfrage von Dienstleistungen bei dem Personalbereich durch andere Unternehmensbereiche oder Unternehmenstöchter. Bei den internen Prozessen handelt es sich um personalwirtschaftliche Prozesse wie z.b. die Einstellung, Versetzung, Freisetzung und diverse andere Prozesse. Im Rahmen des Personalcontrollings geht es darum, diese Prozesse messbar zu machen und anschließend effizienter zu gestalten. Es geht dabei um die Effizienz und Qualität der Prozesse im Personalbereich. Innerhalb der Mitarbeiter bzw. der Lern- und Entwicklungsperspektive geht es hauptsächlich um das Personal selbst. So werden hier beispielhaft Weiterbildungen der Mitarbeiter in den Fokus gestellt.[98] In dieser Perspektive lassen sich u.a. die Mitarbeiterqualifikation und die Mitarbeiterzufriedenheit als Erfolgsfaktoren identifizieren.[99]

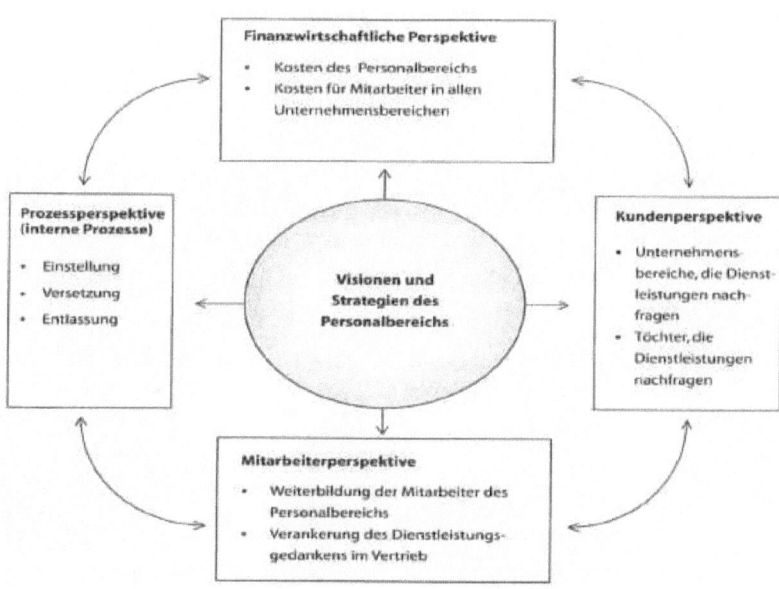

[Abb. 9: Human Resources - Balanced Scorecard][100]

---

[98] Vgl. Grötzinger, Martin/ Uepping, Heinz (Hrsg.) (2001, Neuwied/Kriftel): Balanced Scorecard im Human Resources Management S. 48 - 50
[99] Vgl. Wunderer, Rolf/ Jaritz, André (Hrsg.) (2007, Köln): Unternehmerisches Personalcontrolling S. 384
[100] Abbildung 11: Grötzinger, Martin/ Uepping, Heinz (Hrsg.) (2001, Neuwied/Kriftel): Balanced Scorecard im Human Resources Management S. 49

Auch die HR-BSC beinhaltet diverse Ursache-Wirkungs-Mechanismen. Die nachfolgende Ursache-Wirkungs-Beziehungen sollen diesen Sachverhalt beispielhaft näher bringen. Damit die Produktivität und damit auch die finanziellen Ergebnisse gesichert werden können, müssen folgende Faktoren im Personalbereich fokussiert werden: Fähigkeiten und Motivation des Personals, das Betriebsklima und die Qualität der Führungsprozesse. Die Fähigkeit und das Leistungspotenzial des Mitarbeiters sind abhängig von der Qualität der Personalgewinnung und der -entwicklung. Die Qualität der Personalgewinnung lässt sich u.a. auf die Qualität der Auswahlprozesse zurückführen. Das Betriebsklima hängt z.b. von der Mitarbeiterführung ab.[101] Wie man unschwer erkennen kann, bestehen auch im Personalbereich und unter Anwendung der HR-BSC diverse Ursache-Wirkungs-Zusammenhänge, welche in einem HR-BSC-Cockpit stets abzubilden sind, damit eine Basis für strategieorientierte Entscheidungen getroffen werden kann. Die HR-BSC soll die Personalstrategie intern kommunizieren, wobei diese jederzeit aktualisiert werden kann. Dabei wird die Umsetzung der Strategie durch geeignete Messgrößen überwacht. Zudem werden operative Ziele und Maßnahmen auf die Strategie ausgerichtet.[102] Er soll im Rahmen eines umfassenden Steuerungscockpits die Balance zwischen Strategie und dem operativem Handelns sowie die damit zusammenhängende Entwicklung der Zielsetzung und der Zielerreichung verdeutlichen.[103] Die permanente Überprüfung der Leistung im Personalbereich ermöglicht erst die Verbesserungs- und Lernprozesse, welche eine lernende Organisation ermöglichen.[104] Der HR-BSC-Ansatz ist keinesfalls als reines Controllingsystem zu verstehen, sondern auch als ein Konzept der lernenden Organisation.[105]

---

[101] Vgl. Wunderer, Rolf/ Jaritz, André (Hrsg.) (2007, Köln): Unternehmerisches Personalcontrolling S. 385 - 386
[102] Vgl. Wunderer, Rolf/ Jaritz, André (Hrsg.) (2007, Köln): Unternehmerisches Personalcontrolling S. 393
[103] Vgl. Schneider, Dietram/ Pflaumer, Peter (Hrsg.) (2001, Wiesbaden): Power Tools S. 92
[104] Vgl. Wunderer, Rolf/ Jaritz, André (Hrsg.) (2007, Köln): Unternehmerisches Personalcontrolling S. 393
[105] Vgl. Kunz, Gunnar (Hrsg.) (2001, Frankfurt am Main): Die Balanced Scorecard im Personalmanagement S. 86

5 Fazit

Das Human Resources Cockpit (HR-Cockpit) ist ein Instrument des Personalcontrollings, welches die Komplexität der personalwirtschaftlichen Daten übersichtlich, verständlich, zusammenhängend und prägnant in einer sog. Cockpit-Darstellung abbildet. Den Entscheidungsträgern soll hierdurch nur der relevante Teil von Informationen geboten werden, wodurch Zeit und Einarbeitung gespart werden soll. Hierdurch wird eine Effizienz und Sicherheit im Hinblick auf Entscheidungen geboten. Weiterhin können diverse Korrekturmaßnahmen schneller eingeleitet werden. HR-Cockpits werden durch diverse Software-Anwendungen ermöglicht, wobei personalwirtschaftliche Daten automatisiert verarbeitet und bei Bedarf abgerufen werden können. Durch Soll- und Ist-Vergleiche sollen Entwicklungen ersichtlich gemacht werden. Bei eventuellen Abweichungen von der geplanten Entwicklung, sollen entsprechende Korrekturmaßnahmen eingeleitet werden können. In diesem Zusammenhang hat das Personalcontrolling eine Servicefunktion ggü. den Entscheidungsträgern bzw. Personalverantwortlichen. Den Grundsätzen der Transparenz, Verständlichkeit und Prägnanz folgend, schafft das HR-Cockpit eine ideale Visualisierungsmöglichkeit zur Abbildung personalwirtschaftlicher Informationen. Dies ist die Aufgabe des Personalcontrollings, welches erst durch die Auswahl eines Ansatzes "handlungsfähig" wird.

In dieser Arbeit haben wir zwei unterschiedliche Ansätze kennengelernt, wobei das jahresabschlussorientierte und integrative Personalcontrolling in den Fokus gerückt sind. Ersteres stellt monetäre Größen in den Vordergrund. Letzteres bezieht auch nicht-monetäre und strategische Größen mit in die Gesamtbetrachtung ein. Dabei kommt die sog. HR-BSC zum Einsatz. Einer der beiden Ansätze muss zunächst gewählt, anschließend konzipiert und schlussendlich in das Unternehmen bzw. den Funktionsbereich implementiert werden. Wurden die entsprechenden Daten erhoben und analysiert, können diese mit der Hilfe der Präsentationstechnik "HR-Cockpit" visualisiert werden.

IV. Quellenverzeichnis

- Jung, Hans (Hrsg.) (2011, München): Personalwirtschaft

- Jung, Hans (Hrsg.) (2007, München): Controlling

- Siegwart, Hans/ Dubs, Rolf / Mahari, Julian (Hrsg.) (1997, Stuttgart): Human Resource Management

- Dürndorfer, Martina/ Nink, Marco/ Wood, Gerald (Hrsg.) (2005, Hamburg): Human-Capital-Management in deutschen Unternehmen

- Wunderer, Rolf/ Jaritz, André (Hrsg.) (2007, Köln): Unternehmerisches Personalcontrolling

- Littkemann, Jörn (Hrsg.) (2006, Herne/Berlin): Unternehmenscontrolling

- Graumann, Mathias (Hrsg.) (2008, Düsseldorf): Controlling

- Ossola-Haring, Claudia (Hrsg.) (2006, Landsberg am Lech): Handbuch - Kennzahlen zur Unternehmensführung

- Siegwart, Hans (Hrsg.) (2002, Bern): Kennzahlen für die Unternehmensführung

- Weber, Manfred (Hrsg.) (2002, Planegg): Kennzahlen - Unternehmen mit Erfolg führen

- Holtbrügge, Dirk (Hrsg.) (2005, Heidelberg): Personalmanagement

- Hostettler, Stephan/ Stern, Hermann J. (Hrsg.) (2007, Weinheim): Das Value Cockpit

- Thom, Norbert/ Zaugg, Robert J. (Hrsg.) (2008, Wiesbaden): Moderne Personalentwicklung

- Schulte, Christof (Hrsg.) (2002, München): Personal-Controlling mit Kennzahlen

- Wollenberger, Klaus (Hrsg.) (2004, München): Taschenbuch der Betriebswirtschaft

- Wiesner, Alexander (Hrsg.) (2007, Saarbrücken): Kennzahlen im Personalcontrolling

- Wollenberger, Klaus (Hrsg.) (2004, München): Taschenbuch der Betriebswirtschaft

- Krüger, Günther (Hrsg.) (1997, Frechen): Interne Prüfungen im Personalwesen

- Gmelin, Volker (Hrsg.) (1995, Renningen-Malmsheim): Effizientes Personalmanagement durch Personalcontrolling

- Hafner, Roger; Polanski, Andre (Hrsg.) (2009, Zürich): Kennzahlen-Handbuch für das Personalwesen

- Hauer, Gabriele/ Schüller, Achim, Strasmann, Jochen (Hrsg.) (2002, Wiesbaden): Kompetentes Human Resources Management

- Schneider, Dietram/ Pflaumer, Peter (Hrsg.) (2001, Wiesbaden): Power Tools

- Gehringer, Joachim/ Michel, Walter J. (Hrsg.) (2000, Düsseldorf/Berlin):
  Frühwarnsystem Balanced Scorecard

- Grötzinger, Martin/ Uepping, Heinz (Hrsg.) (2001, Neuwied/Kriftel):
  Balanced Scorecard im Human Resources Management

- Moser, Jean-Philippe (Hrsg.) (2001, Bern):
  Balanced Scorecard als Instrument eines integrierten Wertmanagements

- Georg, Stefan (Hrsg.) (1999, Aachen):
  Die Balanced Scorecard als Controlling- bzw. Managementinstrument

- Falk, Rüdiger/ Sell, Stefan (Hrsg.) (2007, Remagen): Human Resource Management

- Kunz, Gunnar (Hrsg.) (2001, Frankfurt am Main):
  Die Balanced Scorecard im Personalmanagement

Internetquellen:

- www.cubeware.de
- www.sas.com/offices/europe/switzerland/pdf/solutions/SAS_HR_BSC_Broschuere.pdf
- www.persis.de
- www.cubeserv.com/cubeserv-business-content-hr.html
- www.wirtschaftslexikon.gabler.de/Definition/humankapital.html